www.ingramcontent.com/pod-product-compliance
Lightning Source LLC
LaVergne TN
LVIIW010424070526
838199LV00064B/5419
* 9 7 8 9 3 5 8 7 2 6 9 4 7 *

پیارے نبیؐ کا سلوک

(سیرت النبیؐ کے مضامین)

مرتبہ:

اعجاز عبید

© Taemeer Publications LLC
Pyaare Nabi ka Sulook (Essays)
by: Aijaz Ubaid
Edition: March '2024
Publisher :
Taemeer Publications LLC (Michigan, USA / Hyderabad, India)

ISBN 978-93-5872-694-7
9 789358 726947

مصنف یاناشر کی پیشگی اجازت کے بغیر اس کتاب کا کوئی بھی حصہ کسی بھی شکل میں بشمول ویب سائٹ پر اَپ لوڈنگ کے لیے استعمال نہ کیا جائے۔ نیز اس کتاب پر کسی بھی قسم کے تنازع کو نمٹانے کا اختیار صرف حیدرآباد (تلنگانہ) کی عدلیہ کو ہو گا۔

©تعمیر پبلی کیشنز

کتاب	:	**پیارے نبیؐ کا سلوک**
مصنف	:	**اعجاز عبید**
پروف ریڈنگ / تدوین	:	اعجاز عبید
صنف	:	سیرت النبیؐ
ناشر	:	تعمیر پبلی کیشنز (حیدرآباد، انڈیا)
سالِ اشاعت	:	۲۰۲۴ء
صفحات	:	۲۸
سرورق ڈیزائن	:	تعمیر ویب ڈیزائن

فہرست

(۱)	پیغمبرؐ کی شرافت و بلند ہمتی اور اخلاق حسنہ	6
(۲)	دوسروں کے ساتھ سلوک: پیغمبر ﷺ کے نمونے	8
(۳)	اچھے کام کے عوض بڑی جزا کا بڑا بدلہ	10
(۴)	زید بن حارثہ، قیدی سے منھ بولا بیٹا بننے تک	12
(۵)	پیغمبر ﷺ کی محبتیں	19
(۶)	حواشی	27

پیغمبرؐ کی شرافت و بلند ہمتی اور اخلاق حسنہ

اس نوشتہ کا اصلی مقصد پیغمبر اکرم صلی اللہ علیہ و آلہ وسلم کی آپ کی ازواج کے ساتھ سازگاری موافقت کو بیان کرنا ہے تاکہ روشن ہو کہ آنحضرت صلی اللہ علیہ وسلم اپنی ازواج کے ساتھ کس طرح رہتے تھے کہ وہ آپ سے راضی تھیں اور آپ کا زیادہ وقت نہیں لیتی تھیں، تاکہ آپ عبادت و تہجد، تبلیغ دین، رسالت الٰہی کی ادائیگی اور لوگوں پر حکومت و نظارت کے فرائض کو باحسن وجہ انجام دے سکیں۔

مبادا کوئی تصور کرے کہ پیغمبر کی ساری بیبیاں اچھی تھیں اور ان کے درمیان آپس میں کوئی نزاع نہیں تھا بلکہ دست بدست فرائض کی تکمیل اور وظائف کی انجام دھی میں آپ کی مدد کرتی تھیں، پہلی اور دوسری فصل میں ازواج پیغمبر کی ناسازگاری کے واقعات بیان ہوئے اور معلوم ہوا کہ اچھی بیویاں جیسے زینب بنت جحش جو پیغمبر کے لئے شہد کا شربت تیار کرتی تھیں اور دوسری بیویوں پر افتخار کرتی تھیں کہ خدا نے ان کا عقد پڑھا ہے جب کسی سفر میں جناب صفیہ کا اونٹ چلنے سے انکار کر دیتا ہے اور آنحضرت صلی اللہ علیہ وسلم حضرت زینب سے درخواست کرتے ہیں کہ وہ جناب صفیہ کو اپنے اونٹ پر سوار کر لیں تو جواب دیتی ہیں کہ کیا میں آپ کی یہودی بیوی کو اپنے اونٹ پر سوار کر لوں؟ ایسا

ہر گز نہیں ہو گا۔ا

البتہ یہ ایک نمونہ وہ بھی پیغمبر کی اچھی بیویوں میں سے ایک کی جانب سے سامنے آیا ہم اس فصل میں دوسروں کے ساتھ پیغمبر کے طرز معاشرت اور سلوک کا جائزہ لیں گے تاکہ اس سے اپنی روزمرہ کی زندگی میں درس عبرت لیں۔

دوسروں کے ساتھ سلوک : پیغمبر ﷺ کے نمونے

افراد کی شخصیت کو جاننے اور پہچاننے کی ایک راہ اس کے تربیت یافتہ لوگوں کی شناسائی ہے۔ اگر ہم پیغمبر ﷺ کی شخصیت اور آپ کی شرافت و بزرگی کا اس زاویے سے جائزہ لیں، تو ہمیں بہت اچھے نتائج ہاتھ آئیں گے۔

پیغمبر کے آرام کی خاطر اپنی جان قربان کرنا

پیغمبر کے پروردہ اور عاشق افراد میں ایک نام ابورافع ہیں۔ وہ پیغمبر کے چچا عباس بن عبدالمطلب کے غلام تھے۔ عباس نے انہیں پیغمبر کو بخش دیا اور وہ اسلام لے آئے۔ اس کے بعد پہلے آپ نے حبشہ اور پھر مدینہ کی طرف ہجرت کی۔ نیز پیغمبر کی بیعتوں میں موجود تھے اور آپ سے عہد کیا اور بالآخر جب جناب عباس کے اسلام لانے کی خبر پیغمبر کے گوش گزار کی تو آپ ﷺ نے ان کو آزاد کر دیا۔

ابو رافع جو کہ پیغمبر کے اخلاق و عادات کے عاشق تھے آپ سے جدا نہ ہوئے اور مسلسل گھر میں آپ کی خدمت گزاری میں مشغول رہتے ہیں اور اس کو آزادی پر ترجیح دیا۔ ایک روز وہ پیغمبر کے پاس آئے کیا دیکھا کہ آپ استراحت فرما رہے ہیں اور ایک سانپ آپ کی جانب چلا آ رہا ہے۔ سوچنے لگے کہ اگر سانپ کو ماریں تو ممکن ہے پیغمبر خواب سے بیدار ہو جائیں اور اگر کوئی اقدام نہ کریں تو ممکن ہے سانپ پیغمبر کو ڈس لے۔

اس لئے پیغمبر کی جان کی حفاظت اور آپ کے خواب میں خلل نہ پڑنے کی خاطر پیغمبر اور سانپ کے درمیان لیٹ گئے تا کہ آنحضرت کی سپر ہو جائیں۔ کچھ دیر بعد پیغمبر خواب سے بیدار ہوئے اس حال میں کہ آپ آیہ (انَّما وَلِیُّکُمُ اللہ وَرَسُولہ) کی تلاوت فرما رہے تھے اور ابو رافع کو اپنی بغل میں دیکھا۔

سوال کیا اے ابو رافع یہاں پر کیا کر رہے ہو؟ کیوں یہاں پر لیٹے ہو۔ ابو رافع نے ماجرا بیان کیا۔ حضرت نے فرمایا: اٹھو اور سانپ کو مار دو ۲ شایان ذکر ہے آیہ انّما وَلِیُّکُمُ اللہ وَرَسُولہ حضرت علی علیہ السلام کی ولایت کے بارے میں ہے اور سورہ مایدہ کی آیات میں سے ہے اور پیغمبر کی عمر کے آخری ایام میں نازل ہوئی ہے۔ اور جناب عباس کا اسلام لانے کا قصہ حتما اس سے پہلے کا ہے بنابر این ابو رافع اس وقت غلام نہ تھے بلکہ آزاد تھے۔ بدیہی ہے کہ ایسا انسان اپنی حیات اور زندگی کو ہر چیز پر مقدم رکھے ہے کیونکہ استقلال و آزادی کا مزہ پہلی بات منھ کو لگ رہا ہے۔ لیکن ابو رافع نہ صرف یہ کہ پیغمبر کی جان کی حفاظت کو اپنی زندگی پر ترجیح دیتے ہیں بلکہ اس فکر میں ہیں کہ اپنی جان کو پیغمبر کے آرام پر فدا کر دیں، اس وجہ سے پیغمبر اور سانپ کے درمیان فاصلہ ہو جاتے ہیں تا کہ خود موت کی آغوش میں میٹھی نیند سو جائیں اور پیغمبر اسلام کے آرام اور نیند میں کوئی خلل واقع نہ ہو۔

پیغمبر اسلام کا طرز رفتار اور سلوک کیسا تھا کہ آپ کا غلام یا بہر حال ایک انسان آپ کا اس طرح عاشق ہو جاتا ہے اور آپ کے تھوڑی دیر کے آرام کے لئے اپنی جان کی قربانی دیتا ہوا نظر آتا ہے در آنحالیکہ کسی رخ سے یہ نہیں کہا جا سکتا کہ دنیاوی امور یا انعام کی لالچ وغیرہ نے ابو رافع کو ایسا کرنے پر مجبور کیا ہے یہاں پر ہم آپ کی ایک خصوصیت کی طرف جو اس داستان میں سرسری طور پر نظر آتی ہے اشارہ کر رہے ہیں۔

اچھے کام کے عوض بڑی جزا کا بڑا بدلہ

جیسا کہ گزر چکا ہے ابو رافع جناب عباس کے غلام تھے اور آپ نے انہیں پیغمبر ﷺ کو بخش دیا تھا اور جب ابو رافع نے جناب عباس کے مسلمان ہونے کی خبر پیغمبر اکرم صلی اللہ علیہ و آلہ وسلم تک پہونچائی تو آپ ﷺ نے انہیں آزاد کر دیا اس سے پتہ چلتا ہے کہ پیغمبر ﷺ اچھے کام کو ہر چند چھوٹا ہو نظر انداز نہیں فرماتے تھے اور اس کے مقابلے میں زیادہ اجر و پاداش ادا کرتے تھے۔

جب ایک انسان کے اسلام لانے کی خبر کی اتنی بڑی جزا ہو اور یہ بھی روشن ہے کہ انسان احسان کا بندہ ہے اس سے ابو رافع کے پیغمبر ﷺ سے عشق کا راز معلوم ہوتا ہے۔ البتہ یہ تنہا ایک علت ہے جو اس ماجرا میں منظر عام پر آئی ہے اور ہم تک پہونچتی ہے؛ یقیناً آپ بے شمار خصوصیات کے مالک تھے جنھوں نے ابو رافع کو آپ کا عاشق اور گرویدہ بنا رکھا تھا کہ شاید ہم اس نوشتہ میں آپ کی بعض خصوصیات کی طرف اشارہ کر سکیں۔

چنانچہ ہر شخص خود سے سوال کرتا ہے کہ اگر جناب عباس کے اسلام لانے کی خبر کی ایسی جزا ہے تو پھر سانپ کے اور آپ کے درمیان حائل ہونے اور سانپ کو مارنے کی کیا جزا ہو گی؟ ابو رافع اس طرح نقل کرتے ہیں:

جب میں نے سانپ کو مارا تو آنحضرت ﷺ نے میرا ہاتھ پکڑا اور فرمایا: اے ابو رافع! جس وقت ایک گروہ علیؑ سے جنگ کرے گا جن کہ وہ حق پر ہونگے اور وہ گروہ باطل پر ہو گا تمھاری کیا حالت ہو گی اور تمھارا موقف کیا ہو گا؟ میں نے آنحضرت ﷺ

سے درخواست کی کہ میرے لئے دعا فرمایئے کہ اگر میں امام کے دشمنوں کو دیکھوں تو خدا مجھکو ان سے لڑنے کی قوت عطا کرے اور آنحضرت ﷺ نے دعا فرمائی اس کے بعد میرا ہاتھ پکڑا اور مجھے لیکر لوگوں کے درمیان آئے اور فرمایا: جو شخص چاہتا ہے کہ میری جان اور میرے اہلبیت کے سلسلے میں میرے مورد اعتماد شخص کی طرف دیکھے تو ابو رافع کی طرف دیکھے کہ وہ میری جان کا امین ہے۔ ۳

ابو رافع کے دو عمل (پیغمبر کے اور سانپ کے درمیان حائل ہونا اور سانپ کا مارنا) اور پیغمبر اکرم صلی اللہ علیہ و آلہ وسلم کی بڑی جزا حضرت علیؑ اور مخالفین کے درمیان ہونے والی جنگ کی پیشین گوئی اور حضرت علیؑ کا حق پر ہونا اور آپ کی نصرت کا واجب ہونا اور ابو رافع کے حق میں پیغمبر کا دعا کرنا) اس روایت کا مضمون ہے یہی وجہ ہے کہ ابو رافع جنگوں میں حضرت علیؑ کی خدمت میں تھے اور حضرت علی علیہ السلام کی شہادت کے بعد کوفے میں اپنے گھر کو فروخت کر کے حضرت امام حسن علیہ السلام کے ہمراہ مدینہ چلے آئے اور آپ کی خدمت میں رہے۔ ۴

اگر اس نکتہ کی طرف توجہ مرکوز رہے کہ لوگ ہر زمانے میں ایڑی چوٹی کا زور لگاتے ہیں اور اس بات کی کوشش کرتے ہیں کہ کسی عالی رتبہ مقام کے حامل شخص سے اپنے بارے میں کوئی تائید حاصل کریں تو روشن ہو گا کہ پیغمبر ﷺ نے ابو رافع کے سلسلے میں کیا لطف و عنایت کی ہے۔ آپ اپنی عمر کے آخری ایام میں درانحالیکہ تمام جزیرۂ نمائے عرب پر آپ کی حکومت تھی اور آپ لوگوں کے دلوں پر حکومت کر رہے تھے ابو رافع کو کتنی اہم سند عطا فرماتے ہیں اور ان کو مجمع عام میں اپنے اور اپنے اہلبیت کے امین کی حیثیت سے متعارف کراتے ہیں اور وہ بھی اس سے مادی اور دنیاوی فائدہ اٹھانے کے بجائے صحیح اور درست راہ کا انتخاب کرتے ہیں اور اس کی پیروی کرتے ہیں۔

زید بن حارثہ، قیدی سے منھ بولا بیٹا بننے تک

زید، حارثہ کے بیٹے شراحیل کے پوتے اور اپنے خانوادے میں بہت محبوب شخص تھے وہ اپنی ماں "سُعدیٰ" کے ھمراہ قبیلۂ طی کی ایک شاخ بنی لعن (جو ان کی ماں کا قبیلہ تھا) کی زیارت کو جا رہے تھے کہ بنی القین کے لشکر نے بنی معن پر حملہ کر دیا اور اسیروں کے درمیان زید کو بھی اسیر کر لیا اور بازار عکاظ میں ان کو فروخت کرنے کے لئے لائے، حکیم بن حزام نے ان کو اپنی پھوپھی حضرت خدیجہ کے لئے خرید لیا اور حضرت خدیجہ نے ان کو پیغمبر کی بعثت سے پہلے جب کہ وہ ابھی آٹھ سال کے تھے آپ ﷺ کو بخش دیا۔ باپ نے بیٹے کی جدائی میں بہت غمناک اشعار کہے جن سے بیٹے کے تئیں ان کی گہری محبت کا پتہ چلتا ہے۔

بَکیتُ علی زَیدٍ وَلَم اَدرِ ما فَعَل اَحَیٌّ یُرجیٰ ام اَتیٰ دونہ الاَجَل فَوَاللہِ ما ادری واِن کنتُ سائلاً اَغالَکَ سَھلُ الاَرضِ ام غالَکَ الجَبَل فیالیتَ شعری ھَل لَکَ الدَّھر رَجعۃٌ فَحَسبی مِنَ الدُّنیا رُجوعَکَ لی مجَل۔ ۵

"میں نے زید پر آنسو بہائے اور مجھے نہیں معلوم میرا بیٹا کیا ہوا، آیا زندہ ہے جس سے ملنے کی امید ہے یا موت کی آغوش میں میٹھی نیند سو گیا ہے۔

بخدا نہیں معلوم اگرچہ میں نے اس کے بارے میں سب سے پوچھا اس کو زمین کھا گئی یا آسمان نگل گیا۔

اے کاش مجھے معلوم ہوتا کہ زمانے میں تیرے پلٹنے کی امید ہے دنیا سے تیرا تنہا پلٹنا

ہی میرے لئے کافی ہے"۔

زمانہ گذرا یہاں تک کہ قبیلۂ بنی کلب کے ایک گروہ نے فریضۂ حج انجام دیا اور وہاں پر زید کو دیکھا اور پہچان لیا اور زید نے بھی ان لوگوں کو پہچان لیا اور کہا: میں جانتا ہوں انھوں (ماں باپ) نے میری جدائی میں بہت جزع و فزع کیا ہے "اور چند اشعار کے ضمن میں اپنی سلامتی اور اپنے راضی ہونے کی خبر دی اور خدا کی حمد و ثنا کی کہ اس نے مجھے ایسے پیغمبر کے گھر میں جگہ دی ہے جو اہل کرم و بزرگی ہے۔

فَانّی بحَمدِ اللہِ فی خَیرِ اُس ۃ رَۃ کرامِ مَعَدٍّ کابراً بَعد کابرٍ۔ ٦

طائفہ بنی کلب نے زید کے زندہ ہونے اور ان کے حالات کی خبر ان کے باپ تک پہونچائی زید کے باپ اور چچا فدیہ دینے اور زید کو آزاد کرانے کے لئے پیغمبر کی خدمت میں آئے اور عرض کیا "اے عبد المطلب کے فرزند! اے ہاشم کے فرزند! اے اپنی قوم کے سردار کے بیٹے! ہم اس لئے آئے ہیں تاکہ آپ سے اپنے بیٹے کے سلسلے میں گفتگو کریں۔ ہم پر منت و احسان کیجئے اور فدیہ لے کر ہمارے بیٹے کو آزاد کر دیجئے"۔

پیغمبر اکرم صلی اللہ علیہ و آلہ وسلم نے فرمایا: کس کو؟

انھوں نے کہا: زید بن حارثہ کو۔

فرمایا: کوئی دوسری تجویز کیوں نہیں پیش کرتے؟

انھوں نے کہا کونسی تجویز؟

پیغمبر نے فرمایا: "اس کو بلاؤ اور اسے اختیار دے دو۔ اگر اس نے تمھارا انتخاب کیا تو تمھارا ہے اسے لے جاؤ (میں کوئی فدیہ نہیں لوں گا) اور اگر مجھے انتخاب کیا، تو خدا کی قسم جو مجھ کو ترجیح دے میں اس کو کسی صورت کسی چیز سے معاملہ نہیں کروں گا"۔

انھوں نے کہا۔ "آپ نے بڑے انصاف سے گفتگو کی اور ہم پر احسان کیا"

پیغمبر نے زید کو آواز دی اور فرمایا: ان لوگوں کو پہچان رہے ہو؟

کہا: ہاں یہ میرے والد اور یہ میرے چچا ہیں۔

پیغمبر نے فرمایا: "میں وہی ہوں جسے تم پہچانتے ہو اور میری ہم نشینی تمھاری نگاہوں کے سامنے ہے ہم میں سے کس کو انتخاب واختیار کرتے ہو جسے انتخاب کرنا چاہو انتخاب کر لو"۔

زید نے کہا: میں ان لوگوں کو آپ پر ترجیح نہیں دوں گا آپ ہی میرے لئے باپ اور چچا ہیں زید کے باپ اور چچا نے کہا: اے زید تجھ پر وائے ہو کیا تو غلامی کو آزادی پر، باپ، چچا اور اپنے گھر والوں پر ترجیح دے گا؟

زید نے جواب دیا: ہاں آپ ﷺ میں ایسے خصوصیات اور خوبیاں ہیں کہ میں کسی کو بھی آپ ﷺ پر ترجیح نہیں دوں گا

جب رسول اسلام ﷺ نے یہ مشاہدہ کیا تو زید کو حجر اسماعیل پر لے کر گئے اور اعلان کیا اے حاضرین گواہ رہنا کہ زید میرا بیٹا ہے وہ میری میراث پائے گا اور میں اس کی میراث پاؤں گا"

جب زید کے باپ اور چچا نے یہ مشاہدہ کیا تو خوش ہو گئے اور آسودہ خاطر ہو کر خوشی خوشی اپنے وطن لوٹ گئے۔ ے

زید کی داستان سے پتہ چلتا ہے کہ زید اپنے خاندان میں کافی محبوب تھے تبھی تو ان کے فقدان اور جدائی میں اشعار لک ہے اور ان کو ڈھونڈھنے کے لئے چاروں طرف افراد روانہ کئے اور فدیہ دے کر ان کو آزاد کرانے کے لئے تضرع وزاری اور التماس کیا۔

عرب میں نسب کی اہمیت

اگر زید کے کام اور اس کام کے درمیان جو زیاد بن عبید اور اس کے بیٹے عبید اللہ بن

زیاد نے حسب و نسب کے حصول کے لئے انجام دیا موازنہ کیا جائے تو حسب و نسب کی قدر و قیمت روشن ہو جائے گی اور اس وقت صراحت کے ساتھ یہ اعلان کیا جا سکتا ہے کہ ہم ابھی تک پیغمبر کے اخلاق اور آپ کے افکار و نظریات کے ادراک سے عاجز ہیں اور یہ نہیں سمجھ سکتے کہ آپ نے کس طرح ایسے عاشقوں اور چاہنے والوں کی تربیت کی۔

زیاد سمیہ نامی عورت کا بیٹا تھا جو زنا اور بدکاری میں شہرت یافتہ تھی اور اپنی مثال آپ، اسی وجہ سے معلوم نہ ہو سکا کہ زیاد کس کا بیٹا ہے

آیا اس کا نام عبید ہے یا کوئی دوسرا نام رکھتا ہے؟

زیاد مرد مسلمان اور حضرت علی علیہ السلام کی حکومت میں گورنر کے عہدہ پر فائز تھا لیکن چونکہ خامل النسب تھا اس لئے ہمیشہ اپنی گمنامی کی آگ میں جھلستا رہتا تھا۔

معاویہ نے اس کی اس کمزوری سے فائدہ اٹھاتے ہوئے اس سے کہا: اگر اپنی راہ و روش کو چھوڑ کر میری طرف چلے آؤ تو تم کو اپنے باپ ابو سفیان سے ملحق کر لوں گا۔ زیاد ابو سفیان سے ملحق ہونے اور حسب پیدا کرنے کے لئے حق کو اپنے پیروں تلے روندنے پر تیار ہو گیا اور حق کو چھوڑ کر معاویہ سے ملنے کے عوض زیاد بن ابی سفیان پکارا جانے لگا۔۸

حضرت امام حسین علیہ السلام کے قیام کربلا کے وقت یزید بن معاویہ نے عبید اللہ بن زیاد کے نام خط لکھا کہ یا اس بلا کو دور کر دو یا یہ کہ میں تمھیں اپنے اصلی حسب و نسب (عبید) سے ملحق کر دوں۔

ابن زیاد نے ابو سفیان کے حسب و نسب پر باقی رہنے کے لئے اتنا سنگین اور بھیانک جرم کیا کہ حضرت امام حسین علیہ السلام اور آپ کے اصحاب و انصار باوفا کو کربلا کے تپتے صحرا میں تین دن کا بھوکا پیاسا شہید کر دیا اور یہ صرف اس لئے کیا کہ ابو سفیان کے نسب

پر باقی رہے مبادا یزید اس کو ابو سفیان کے نسب سے خارج کر دے۔

بہر حال اس زمانے کے لوگوں کی نظر میں حسب و نسب کی اتنی اہمیت اور قدر و قیمت تھی کہ اپنے اعتقادات کو بھی اس پر قربان کر دیتے تھے چنانچہ فرزند رسول الثقلین حضرت امام حسین علیہ السلام کے قتل کرنے کی ذلت و رسوائی مول لی۔

آباء و اجداد کے نام کا یاد رکھنا اور جنگوں میں اشعار کے ضمن میں ان کا نام لیکر مبارز طلبی کرنا اس سے نسب کی اہمیت کی عکاسی اور ترجمانی ہوتی ہے۔

پیغمبر کا اخلاق اور زید جیسے غلام کے تیئں آپ کی محبت کتنی اور کیسی تھی کہ وہ ان کے نزدیک غلامی کی زندگی گزارنے اور بے حسب و نسب ہونے کو آزادی اور حسب نسب پر ترجیح دیتے ہیں۔ یہ اسلامی تعلیمات کا اثر تھا یا پیغمبر کے اخلاق حسنہ کا کرشمہ یا کوئی دوسری چیز؟ بہر حال بانی اسلام کردار وصفات اور خصوصیات قابل غور ہیں۔

زید نے جو اشعار اپنے والدین کے پاس بھیجے ہیں اس سے پتہ چلتا ہے کہ وہ کتنے سمجھ دار عقلمند اور قوی ادراک کے مالک تھے۔ اس وجہ سے پیغمبر اکرم ﷺ کا انتخاب کرنا اور آپ کے پاس ٹھہرنا احساسات یا سادگی کی بناء پر نہیں تھا۔

اسی طرح ان جملوں سے جو انھوں نے باپ اور چچا کے سامنے اپنی زبان سے ادا کئے پتہ چلتا ہے کہ واقعتاً انھوں نے پیغمبر میں ایسے خصائل محمودہ اور اخلاق پسندیدہ دیکھے تھے جس کو ہر چیز پر ترجیح حاصل ہے اور کوئی چیز اس کا بدل نہیں قرار پا سکتی۔

رسول گرامی اسلام کی شرافت و بزرگی کا ایک نمونہ یہاں پر اور زید کے لئے فدیہ لینے کے ضمن میں مشخص ہوتا ہے جس کی طرف اشارہ کرنا لطف سے خالی نہیں ہے۔

پیغمبر اکرم صلی اللہ علیہ و آلہ وسلم نے فرمایا: "زید کو آزاد چھوڑ دو، اگر زید نے تمھارا انتخاب کیا تو زید تمھارا، اور اگر میرا انتخاب کیا تو میرے پاس رہے اس جملہ سے

روشن ہوتا ہے کہ اگر زید اپنے باپ اور قبیلہ کو منتخب کرتے تو پیغمبر ان لوگوں سے فدیہ نہ لیتے اور بغیر ان سے کچھ لئے ہوئے زید کو ان کے حوالے کر دیتے، اسی وجہ سے وہ لوگ بہت خوشحال ہوئے اور عرض کیا: "آپ نے بے حد انصاف کا ہمارے ساتھ سلوک کیا ہے اور ہم پر احسان کیا ہے"۔

جب زید نے پیغمبر کے پاس رہنے کو انتخاب کیا تو پیغمبر نے زید کی اچھی تشخیص کو بے جواب نہیں رکھا اور اس کے مقابلے میں زید کے اوپر چند احسان اور کئے۔ زید کو آزاد کر دیا، مجمع عام میں اپنا بیٹا کہا اس طرح سے کہ اس کے بعد ان کو زید بن محمد کہا جانے لگا۔ یہاں تک کہ ہجرت کے آٹھویں سال آیۂ(اُدۡعُوهُمۡ لآبائِهِمۡ) ۹ نے حکم دیا کہ "لوگوں کو ان کے اصلی باپ کے نام سے پکارو"۔

اسی طرح پیغمبر نے زید کو اپنا وارث اور خود کو زید کا وارث قرار دیا تا کہ منھ بولا بیٹا ہونا فقط رسم ادائیگی نہ ہو اور یہ حکم باقی تھا یہاں تک کہ آیۂ(وَ اوُلُوا الاَرۡحامِ بَعۡضُهُمۡ اَوۡلَی بِبَعۡضٍ فِی کِتَابِ اللہ) ۱۰ نازل ہوئی

حضرت زینب کی جناب زید سے شادی

زید کے ساتھ پیغمبر کی شفقت و محبت کو دوسرے نمونے کے عنوان سے حضرت زینب کے ساتھ ان کی شادی کو کہا جاسکتا ہے۔ زینب، آپ کی پھوپھی زاد بہن تھیں۔ آپ نے ان کی زید سے شادی کرنے کی درخواست کی لیکن زینب مائل نہ تھیں یہاں تک کہ (وَماکانَ لِمُؤمِنٍ وَلا مؤمِنَةٍ اذا قَضَی اللہُ وَرَسُولُہُ اَمۡراً اَنۡ یَکُونَ لَهُمُ الخِیَرَة مِنۡ اَمۡرِهِمۡ وَمَنۡ یَعۡصِ اللہَ وَرَسُولَہُ فَقَدۡ ضَلَّ ضَلالاً مُبِیناً) ۱۱ "کسی

مومن مرد اور عورت کو یہ حق حاصل نہیں ہے کہ جب خدا اور اس کا رسول کسی چیز کے بارے میں کوئی فیصلہ کر دیں تو وہ اس سلسلے میں اپنے اختیار کا استعمال کرے اور جو بھی خدا اور رسول کی نافرمانی کرے گا وہ کھلی ہوئی گمراہی میں مبتلا ہو گا" نازل ہوئی اور زینب نے اس شادی پر رضایت دے دی۔ اس سے پتہ چلتا ہے کہ پیغمبر اسلام اس شادی پر زور دے رہے تھے اور اس کی دلیل قرآنی آیت لفظ میں "قضیٰ" کی تعبیر ہے۔ اس سے پتہ چلتا ہے کہ پیغمبر زید کو بہت زیادہ چاہتے تھے تبھی اس شادی پر بہت زیادہ زور دے رہے تھے البتہ یہ اصرار فرمان خدا کے تحت تھا اور اس میں کچھ مصلحتیں تھیں جن کی طرف پیغمبر کی زینب سے شادی کے ذیل میں اشارہ کیا جا چکا ہے۔

زید سے پیغمبر کی محبت ایک اور کا نمونہ یہ ہے کہ آپ نے زید کے لئے ام ایمن کو بعنوان زوجہ منتخب کیا ام ایمن کنیز تھیں آپ کے والد ماجد جناب عبد اللہ نے ان کو آزاد کیا تھا۔ ان کا نام برکہ تھا۔ انھوں نے پیغمبر کی حصانت اور پرورش کی ذمہ داری لے رکھی تھی۔ وہ ان لوگوں میں سے تھیں جو ابتداء ہی میں اسلام کی طرف مائل ہوئے اور دونوں ہجرت حبشہ اور مدینہ میں شریک تھیں۔ ام ایمن ایسی خاتون تھیں پیغمبر جن سے ملنے اور ان کی عیادت کرنے ان کے گھر جایا کرتے تھے آنحضرت نے ایسی محبوب اور بلند شخصیت کی مالک عورت سے زید کی شادی کی جس کے نتیجے میں اسامہ بن زید کی ولادت ہوئی جو پیغمبر کی وفات کے وقت اٹھارہ سال کے تھے اور آپ نے اس کو شام کی طرف جانے والے لشکر کا امیر مقرر کیا تھا جبکہ ابو بکر اور عمر جیسی بزرگ ھستیاں اس لشکر میں شامل تھیں ۱۲ تا کہ دوسروں پر ان کی برتری و بلندی کا پتہ چلے۔

پیغمبر ﷺ کی محبتیں

یہاں پر اگر چہ زید کے سلسلے میں گفتگو ہو رہی ہے لیکن ام ایمن کے ساتھ آپ کا سلوک اور طرز عمل بھی بہت راہ گشا ہے، کیونکہ یہ نکتہ سامنے آتا ہے کہ آپ ہر شخص کا احترام کرتے تھے اور ان کے اوپر اپنی گوناگوں محبتوں کے موتی نثار کرتے تھے۔ آنحضرت ﷺ نے ام ایمن کے بارے میں فرمایا: ام ایمن میری ماں کے بعد میری ماں ہیں۔۱۳ اس طرح کے طرز عمل کا سبب آپ کا تواضع خود گذشتگی اور آپ کی جملہ امور میں تواضع وانکساری کی دلیل ہے۔

لوگوں کے دلوں میں الفت و محبت پیدا کرنا بذل و بخشش اور داد و دہش سے مخصوص نہیں ہے بلکہ اس کے لئے وہ دل چاہئے جو لوگوں کے عشق و محبت کے جذبے سے سرشار اور مالامال ہو اور نامناسب اوقات میں قول و عمل میں اور ہر شخص کی شخصیت کی مناسبت سے ظہور کرے۔

جب پیغمبر ام ایمن جیسی عورت کے ساتھ جو عمر میں آپ سے بڑی ہیں ایسا سلوک کریں ان کی عیادت کو جائیں، ان کو اپنی ماں کہیں اور جب زید کے ساتھ آپ کا طرز عمل ایسا ہو اور آپ کو زید کی شادی کی فکر ہو اور جب زید کے باپ اور چچا کا سامنا ہو تو زید کو مخیر کرنے کی تجویز پیش کریں اور جب اسامہ بن زید کی لیاقت کو دیکھیں تو سردار لشکر مقرر کریں وغیرہ یہ سب پیغمبر کے اخلاق حسنہ اور بزرگواری کے نمونے ہیں۔

انس بن مالکؓ

اخلاق پیغمبر کا دوسرا نمونہ انس بن مالک کے ساتھ آپ کا طرز عمل ہے وہ تقریباً نو سال پیغمبر کی خدمت میں تھے۔ ان کی کوئی خاص خصوصیت یا پیغمبر کی تعریف و توصیف ہم تک نہیں پہونچی، ۱۴ بلکہ شیعہ کتابوں میں ان کی بہت زیادہ مذمت وارد ہوئی ہے مثلاً یہ کہ وہ کتمان شہادت کرتے تھے اور اسی وجہ سے امیر المومنین حضرت علیؑ کی نفریں کے مستحق قرار پائے اور برص کے مرض میں مبتلا ہوئے۔ ۱۵

وہ پیغمبر کے اخلاق کے سلسلے میں کہتا ہے کہ نو سال پیغمبر کی خدمت میں رہا اس مدت میں کبھی مجھ سے یہ نہیں کہا: کہ کیوں ایسا کیا؟ اور کبھی میری عیب جوئی نہیں کی ۱۶

وہ نقل کرتا ہے:

رسول اکرم صلی اللہ علیہ و آلہ وسلم دو قسم کی غذا رکھتے تھے، ایک سے افطار کرتے تھے اور ایک کو سحر میں تناول فرماتے تھے اور کبھی ایک ہی غذا ہوتی تھی کہ دودھ ہوتا تھا اور پانی میں بھگوئی ہوئی روٹی۔

ایک رات میں نے پیغمبر کے لئے افطار تیار کیا لیکن آنحضرت ﷺ کو کسی سبب سے آنے میں دیر ہوئی، میں نے گمان کیا کہ آنحضرت کے کسی صحابی نے آپ کی دعوت کی ہے چنانچہ آپ کے تاخیر سے آنے کے سبب میں نے وہ غذا کھالی۔ آنحضرت ﷺ عشاء کے کچھ دیر بعد تشریف لائے میں نے آپ کے ہمراہ آنے والوں میں سے ایک سے پوچھا: کیا پیغمبر کی کسی کے یہاں افطار پر دعوت تھی؟ ان لوگوں نے کہا نہیں یہ سن کر میں غم واندوہ میں ڈوب گیا کہ اگر پیغمبر نے اپنی غذا مانگی تو میں کیا جواب دوں؟ پیغمبر رات بھر بھوکے رہے اور دوسرے دن بھی آپ نے روزہ رکھا اور اس دن سے لے کر آج تک مجھ

سے اس شب کی غذا کے بارے میں کوئی سوال نہیں کیا۔ ۱۷

سامنے کی بات ہے کھانا پانی انسان کی ضروریات میں شامل ہے اور مدینے کی گرم ہوا پر اگر روزہ کا اضافہ کر لیا جائے تو یہ ضرورت دو چند ہو جاتی ہے لیکن اس کے باوجود آپ نے اس سے یہ نہ پوچھا کہ غذا کیا ہوئی؟

دوسرے لفظوں میں نہ صرف یہ کہ حضرت نے انس کو توبیخ نہیں کی بلکہ اپنی بھوک اور پیاس کو بھی چھپایا اور یہ اس زمانے میں ہے جب آپ مدینے میں حاکم ہیں کیونکہ انس کی خدمت گزاری مدینہ میں تھی۔

یہاں پر رسول گرامی اسلام کی دوسری خصوصیت نمایاں ہوتی ہے اور وہ حیاء دار ہونے اور عیب جوئی نہ کرنے کے ساتھ ساتھ راز کی پردہ پوشی ہے جو انس کے استعجاب و حیرت کا باعث بنی جو نکتہ ہمارے لئے قابل توجہ ہے وہ پیغمبر کی غذا کا سادہ اور معمولی ہونا ہے کہ وہ غذا، یا دودھ تھا یا پانی میں بھگوئی ہوئی چور روٹی کہ حضرت ان دو میں سے کسی ایک پر اکتفاء کرتے تھے پیغمبر کی اخلاقی خصوصیات اور آپ کے طرز عمل میں گفتگو بہت زیادہ ہے لیکن جیسا کہ پہلے بیان ہوا جو چیز نقل ہو رہی ہے صرف بعنوان نمونہ ہے۔

مرد یہودی اور پیغمبر صلی اللہ علیہ و آلہ وسلم

حضرت علی علیہ السلام اس طرح نقل فرماتے ہیں کہ ایک یہودی حضرت سے چند دینار کا طلبگار تھا اور اس نے وہ دینار حضرت سے طلب کئے۔ آنحضرت نے فرمایا: اے مرد یہودی اس وقت تجھے دینے کے لئے میرے پاس کچھ بھی نہیں ہے۔ یہودی نے کہا: جب ایسا ہے تو میں بھی آپ کو اس وقت تک نہیں چھوڑوں گا جب تک کہ آپ میرا قرض واپس نہ کریں۔ پیغمبر نے فرمایا: کوئی حرج نہیں تیرے پاس بیٹھتا ہوں۔ حضرت

وہیں بیٹھ گئے اور اسی جگہ نماز ظہر و عصر و مغرب و عشاء اور دوسرے دن کی صبح کی نماز ادا کی۔ اصحاب نے یہودی کو ڈرایا دھمکایا رسول مقبول صلی اللہ علیہ و آلہ وسلم کی نگاہ اصحاب پر پڑی اور آپ نے فرمایا: کیا کر رہے ہو؟ اصحاب نے فرمایا: اے اللہ کے رسول اس یہودی نے آپ کو قید کر رکھا ہے۔ پیغمبر اکرم صلی اللہ علیہ و آلہ وسلم نے فرمایا: خدا نے مجھے اس لئے مبعوث نہیں کیا کہ میں کسی ذمی یا غیر ذمی پر ظلم ڈھاؤں"

ابھی دن کا کچھ ہی حصہ گزرا تھا کہ وہ یہودی اقرار شہادتین کر کے مسلمان ہو گیا اس کے بعد کہا: میرا آدھا مال راہ خدا میں خرچ کیا جائے۔ ۱۸

اگر اخلاق پیغمبر کو ایک جملے میں خلاصہ کرنا چاہیں تو اس کلام قرآنی سے بہتر اور کچھ نہیں ہو سکتا (فبما رحمۃ من اللہ لنت لھم ولو کنت فظا غلیظا القلب لا نفضوا من حولک فاعف عنھم واستغفر لھم وشاورھم فی الامر فاذا عزمت فتوکل علی اللہ ان اللہ یحب المتوکلین) ۱۹ "اے پیغمبر یہ اللہ کی مہربانی ہے کہ تم ان لوگوں کے لئے مہربان اور نرم خو ہو۔ اور اگر تم ان کے لئے تند خو اور سخت دل ہوتے تو یہ لوگ تمھارے پاس نہ رکتے اور ادھر ادھر منتشر ہو جاتے "لہذا انہیں معاف کر دو اور ان کے لئے استغفار کرو اور (جنگی امور میں) ان سے مشورہ کیا کرو اور جب پختہ ارادہ کر لو تو اللہ پر بھروسہ رکھو یقیناً اللہ توکل (بھروسہ) کرنے والوں کو دوست رکھتا ہے"۔

"فبما رحمۃ من اللہ" میں جو فاء ہے اس سے معلوم ہوتا ہے کہ اس آیت کا تعلق ما قبل کی آیات سے ہے جو جنگ احد میں بعض کی بد نظمی، بعض کے فرار اور تیسرے گروہ کی کار شکنی سے مربوط اور پیغمبر کی خوش اخلاقی اور نرم خوئی اور ان کے ساتھ پیغمبر کی مہربانی کو رحمت الٰہی کا نتیجہ قرار دیا ہے اس کے بعد (حرف شرط امتناعی) کے ذریعے جو کہ امتناع کے لئے استعمال ہوتا ہے فرماتا ہے: "بفرض محال اگر تم تند خو اور بد مزاج ہوتے تو

سب تمھارے پاس سے بھاگ کھڑے ہوتے"

پیغمبر اسلام نے اس آیت سے سمجھ لیا کہ انہیں سبھی کے ساتھ حتی کہ ضعیف الایمان، منافقین، جنگ سے فرار کرنے والوں سے نرم خوئی اور مہربانی سے پیش آنا ہے حضرت رسول خدا صَلَّی اللّٰہُ عَلَیْہِ وَسَلَّم کی مرد یہودی کے ساتھ مہربانی اس آیت کریمہ کا مفاد ہے بہر حال یہ آیت گھر کے لوگوں یا کنیز و غلام سے سلوک کے سلسلہ میں نہیں ہے بلکہ ہر چیز سے پہلے اپنے دشمنوں سے بھی محبت آمیز روابط کی سفارش کرتی ہے اور پھر اس کے بعد ارشاد ہوتا ہے کہ اپنے دیگر کاموں میں بھی ان سے مشورہ کریں اور ان کے نظریات معلوم کریں۔

پیغمبر اور زن یہودی کا قصد سوء (ارادۂ قتل)

سب سے زیادہ اہم اس یہودی عورت کی داستان ہے جس نے پیغمبر کو زہر دینے کا پختہ ارادہ کیا: چنانچہ اس نے گوسفند ذبح کیا اور اس کو زہر سے آلودہ کیا اور چونکہ جانتی تھی کہ پیغمبر اگلا دست زیادہ پسند کرتے ہیں اس لئے اس حصے کو زیادہ زہر سے آلودہ کیا اور گوشت لیکر پیغمبر کی خدمت میں آئی۔

پیغمبر نے ایک لقمہ منھ میں رکھا اور فوراً ہی اس کو باہر تھوک دیا اور فرمایا: "یہ گوشت کہتا ہے کہ میں مسموم ہوں "بشر بن براء نے اس گوشت سے ایک لقمہ کھایا اور ان کی موت واقع ہو گئی۔ یہودی عورت کو حاضر کیا گیا۔ پیغمبر نے اس سے پوچھا: تونے ایسا کیوں کیا؟ اس نے جواب دیا: "میں نے سوچا اگر پیغمبر خدا ہونگے تو ان کو زہر کوئی نقصان نہیں پہنچائے گا اور اگر بادشاہ ہوئے تو لوگوں کو نجات مل جائے گی"۔ پیغمبر نے اس زن

یہودیہ کو معاف کر دیا۲۰

یہ خبر (حدیث) گوناں گوں اسناد کی مالک ہے اور اس پر ادعاء تواتر کیا جا سکتا ہے۔ لیکن جو چیز یہاں پر اور اخلاقی پہلو سے اہمیت کی حامل ہے وہ یہ ہے کہ پیغمبر اوج قدرت اور خیبر کے یہودیوں پر غلبہ و پیروزی پانے کے بعد ایسی عورت کو معاف کر دیتے ہیں جو آنحضرت کے قتل پر کمر بستہ تھی اور اپنے منصوبے کو عملی جامہ پہنایا تھا باوجودیکہ حسب ظاہر شرع جواز بلکہ اس عورت کے قتل کے وجوب پر ساری دلیلیں دلالت کرتی ہیں۔

لوگوں کے ساتھ ملاقات اور ملنے جلنے میں یہ پیغمبر کی کرامت و بزرگواری کے نمونے ہیں۔

پیغمبر اکرم صلی اللہ علیہ و آلہ وسلم نے لوگوں کے ساتھ مہر و محبت اور عطوفت و مہربانی میں سب کو بہت پیچ ہے چھوڑ دیا۔ چنانچہ خداوند عالم نے خود اپنے اوصاف میں سے دو وصف کے ساتھ آپ کو یاد کیا ہے۔ (لقد جاءکم رسول من انفسکم عزیز علیہ ما عنتم حریص علیکم بالمومنین رؤوف رحیم)۲۱ "یقیناً تمھارے پاس وہ پیغمبر آیا جو تمھیں میں سے ہے۔ اس پر تمھاری ہر مصیبت شاق اور دشوار ہے تمہاری ہدایت کے بارے میں حریص ہے اور مومنین کے لئے دلسوز اور مہربان ہے

مرحوم طبرسی مجمع البیان میں فرماتے ہیں:

بعض قدماء نے کہا ہے: خدا نے اپنے اولیاء اور انبیاء میں سے کسی کے لئے اپنے اسماء میں سے دو اسم کے درمیان جمع نہیں کیا مگر یہ شرف اور فضیلت حضرت محمد مصطفی صلی اللہ علیہ و آلہ وسلم کو عطا کی ہے چنانچہ فرمایا "بالمومنین رؤوف رحیم" اور خدا نے اپنے بارے میں فرمایا: "ان اللہ بالناس لرؤوف رحیم "۲۲۔۲۳

وہ ہمیشہ لوگوں کے درمیان تھے اور انہیں میں سے تھے۔ ان کی مشکلات،

پریشانیوں اور جہالت سے آشنا تھے۔ آپ پر بہت شاق اور دشوار تھا کہ لوگ سختیوں اور مشکلات میں گرفتار ہوں۔ اسی وجہ سے اپنا تمام وقت تمام امکانات کے ساتھ لوگوں کی ہدایت میں صرف کرتے تھے اور ان کی چھوٹی اور بڑی لغزشوں سے درگزر فرماتے تھے۔ لوگوں نے متعدد بار آپ کے قتل کا منصوبہ بنایا اور اس کو اپنی طرف سے عملی جامہ بھی پہنایا لیکن آپ نے سب کو معاف کر دیا نہ صرف یہ کہ یہودی عورت کو کوئی سزا نہیں دی بلکہ آپ نے اپنے قتل کا منصوبہ بنانے والوں کے ناموں کو جو بھی صیغۂ راز میں رکھا جو پہاڑ کے دامن میں آپ کے اونٹ کو بھڑ کا کر آپ کی شمع حیات کو گل کر دینا چاہتے تھے

آج دنیا کی رسم ہے اطلاعاتی اور جاسوسی ادارے وزیر اعظم یا صدر مملکت کے خلاف احتمالی سازش کے پیش نظر بھی حرکت میں آجاتے ہیں اور بہت سارے افراد کو گرفتار کرکے جیل میں ڈال دیتے ہیں اور ان پر مختلف قسم کی سختیاں کرتے ہیں اگر ہم آج کی صورتحال کو پیغمبر کے حالات و اخلاق سے موازنہ کریں تو پیغمبر کے کام کی عظمت ہمارے سامنے اجاگر ہو جائے گی جب ہم فقہ میں پڑھتے ہیں کہ جو پیغمبر کو دشنام دے واجب القتل ہے بطریق اولیٰ پیغمبر کو مسموم کرنے والا اور آپ کو قتل کرنے کی ناکام کوشش کرنے والا واجب القتل ہے اس کے باوجود پیغمبر ان لوگوں کو معاف کر دیتے ہیں تاکہ اجراء قانون پر عفو و بخشش کی برتری منظر عام پر آئے، خاص طور پر جب حق شخصی ہو اور صاحب حق منصب دار اور اجتماعی پوسٹ کا مالک ہو جس کا عمل دوسروں کے لئے نمونہ عمل ہو

پیغمبر کی جانب سے اس طرح کے عملی نمونے حقیقی اسلامی رہبروں کی تشخیص کے لئے بہترین معیار ہے

المختصر پیغمبر کے عملی نمونوں کا (جس کے اخلاق کے کچھ گوشے سابق میں بیان

ہوئے) اندرون خانہ اپنی بیویوں کے ساتھ جائزہ لیں تاکہ اس سے درس زندگی حاصل کریں اور بہ لطف خدا اپنی اور خانوادے کی بہت ساری مشکلات کو حل و فصل کریں۔

پیغمبر نے اپنے اخلاق حسنہ کے بل پر اپنی بیویوں کے ساتھ کہ بعض سن و سال کے لحاظ سے پیغمبر سے مختلف تھیں یا بہ اعتبار استعداد و صلاحیت یا بہ اعتبار فہم و ادراک امور شخصی و اجتماعی پیغمبر کے ساتھ میل نہیں کھاتی تھیں بلکہ مختلف جہات سے بہت زیادہ فرق رکھتی تھیں مسالمت آمیز زندگی گزاری اور پیغمبر کے ساتھ رہنے کو ہر چیز پر ترجیح دیتی تھیں جبکہ خانۂ پیغمبر میں مادی مسائل و امکانات، دنیوی مال و متاع پر نعمتوں سے سرشار مستقبل کی کوئی امید نہیں تھی۔ کیونکہ وہ پابند تھیں کہ گھر کی چہار دیواری میں زندگی گزاریں اور پیغمبر کی وفات کے بعد دوسری شادی نہ کریں

اور ایسا بھی نہیں تھا کہ اپنا زیادہ وقت ازواج میں گزارتے تھے کیونکہ تبلیغی سرگرمیوں کے علاوہ مسلمانوں کی رہبری کی ذمہ داری بھی آپ کے کاندھوں پر تھی اور مدینہ جیسے شہر کی حاکمیت میں جہاں طبقاتی نظام رائج تھا زیادہ وقت صرف ہوتا تھا۔ علاوہ بر ایں پیغمبر کا بہت زیادہ وقت عبادت میں بھی گزرتا تھا۔

المختصر جان کلام یہ ہے کہ پیغمبر نے محدود امکانات اور کم وقت میں بھی اخلاق حسنہ کے سایے میں بہت ساری مشکلات پر غلبہ پایا۔ لیکن آج آپ کے بہتیرے پیرو گھریلو مشکلات کا شکار ہیں باوجودیکہ اس زمانے میں امکانات وسیع ہیں اور گھر میں بیٹھ کر گفت و شنید کرنے کے لئے وقت کافی ہے تنہا مشکل جو ہے وہ یہ ہے کہ ہماری رفتار و گفتار اور کردار میں اخلاق پیغمبر کا عکس نمایاں نہیں ہے۔

حواشی

۱. دیکھئے: مسند احمد، ج۶ ص۳۳۷؛ واسد الغابۃ، ج۷، ص۱۶۹۔

۲. معجم رجال الحدیث، ج۱، ص۱۷۵۔۱۷۶۔

۳. معجم رجال الحدیث، ج۱، ص۱۷۶۔

۴. معجم رجال الحدیث، ج۱، ص۱۷۶۔۱۷۷۔

۵. استیعاب، ترجمہ، رقم۸۴۸، الاصابہ، ترجمہ، رقم۲۸۹۷؛ سیرۂ ابن هشام، ج۱، ص۲۴۸؛ طبقات، ج۳، ص۲۸۔

۶. اصابہ، ص۲۸۹۷؛ استیعاب، ص۸۴۸؛ طبقات، ج۳، ص۲۸۔

۷. اسد الغابۃ، ص۲۵۰۔۲۵۲۔

۸. اسد الغابۃ، ج۲، ص۳۳۶۔۳۳۷۔

۹. احزاب (۳۳) آیت ۵۔

۱۰. احزاب (۳۳) آیت ۶۔

۱۱. احزاب (۳۳) آیت ۳۶۔

۱۲. اسد الغابۃ، ج۱، ص۱۹۴ و ج۷، ص۲۹۱۔

۱۳. اسد الغابۃ، ج۷، ص۲۹۱۔

۱۴. اسد الغابۃ، ج۷، ص۲۹۱۔

۱۵. معجم رجال الحدیث، ج۳، ص۲۴۰ و ۲۴۱۔

۱۶. بحار الانوار، ج۱٦، ص۲۳۰۔

۱۷. بحار الانوار، ج۱٦، ص۲۴۷۔

۱۸. بحار الانوار، ج۱٦، ص۲۱٦۔

۱۹. آل عمران (۳)، آیہ ۱۵۹۔

۲۰. بحار الانوار، ج۱٦، ص ۲٦۵، مجمع البیان، ج۹، ص ۱۲۲۔

۲۱. توبہ (۹)، آیۂ ۱۲۸۔

۲۲. حج (۲۲)، آیۂ ٦۵۔ بقرہ (۲)، آیۂ ۱۴۳۔

۲۳. مجمع البیان، ج۵ ص۸٦، ذیل آیہ ۱۲۸ سورہ توبہ، بحار الانوار، ج۱٦، ص۳۰۳

٭٭٭